Italiano

Bingo

Mondo magico

Marcy Schaaf

Bingo's
Magical World

Marcy Schaaf

Welcome, to the enchanting world of "Bingo's Magical World"! In this delightful tale, meet Bingo, a lovable dog with a secret - he sees the world in a way that's truly magical. While we see everyday things, Bingo spots wonders hidden from our view. Join Bingo on a whimsical journey filled with imagination, laughter, and invisible friends. From barking at rugs to pointing at toys, Bingo's antics will capture your heart and remind you that sometimes, the most enchanting adventures happen in the realms of our imagination. Get ready for a tail-wagging, twinkle-eyed adventure as we dive into the extraordinary world of Bingo, where the ordinary becomes extraordinary, and magic is just a paw-print away!

Benvenuto nell'incantevole mondo del "Bingo's Magical World"! In questa deliziosa storia, incontra Bingo, un adorabile cane con un segreto: vede il mondo in un modo davvero magico. Mentre vediamo le cose di tutti i giorni, il Bingo individua le meraviglie nascoste alla nostra vista. Unisciti a Bingo in un viaggio stravagante pieno di immaginazione, risate e amici invisibili. Dall'abbaiare ai tappeti all'indicare i giocattoli, le buffonate di Bingo cattureranno il tuo cuore e ti ricorderanno che a volte le avventure più incantevoli accadono nei regni della nostra immaginazione. Preparati per un'avventura da brivido e da scodinzolante mentre ci immergiamo nello straordinario mondo del Bingo, dove l'ordinario diventa straordinario e la magia è solo a portata di mano!

Copia e scrivi @2023 Marcy Schaaf
Bingo's Magical World

Copy write @2023 Marcy Schaaf
Bingo's Magical World

Meet Bingo, a playful pup with a special talent. While everyone sees the world in one way, Bingo sees it in a magical, mysterious way!

Incontra Bingo, un cucciolo giocoso con un talento speciale. Mentre tutti vedono il mondo in un modo, Bingo lo vede in un modo magico e misterioso!

Bingo loves to stare off into the distance. His eyes sparkle with excitement as he gazes at things we can't see. What could it be?

Bingo ama guardare in lontananza. I suoi occhi brillano di eccitazione mentre guarda cose che non possiamo vedere. Cosa potrebbe essere?

Bingo barks at the rug with glee.
"Is there a hidden world only Bingo can see?"
His tail wags with joy as he invites you to join his adventure.

Bingo abbaia di gioia al tappeto.
"Esiste un mondo nascosto che solo Bingo può vedere?" La sua coda scodinzola di gioia mentre ti invita a unirti alla sua avventura.

In the kitchen, Bingo stands tall, looking at nothing at all. But maybe, just maybe, there's an invisible friend having a ball!

In cucina, Bingo sta in piedi, senza guardare il nulla. Ma forse, solo forse, c'è un amico invisibile che si diverte!

"Who's there, Bingo?" we ask with a grin. But Bingo just wags his tail and continues to spin.

"Chi c'è, Bingo?" chiediamo con un sorriso. Ma Bingo scodinzola e continua a girare.

Through the garden and under the trees, Bingo explores with the greatest of ease. His magical vision takes him to places unknown.

Attraverso il giardino e sotto gli alberi, Bingo esplora con la massima facilità. La sua visione magica lo porta in luoghi sconosciuti.

Bingo barks at the sky, a cloud passing by. "Is it a dragon, or maybe a pie?" His imagination soars, and his spirit is high.

Il bingo abbaia al cielo, una nuvola che passa. "È un drago o forse una torta?" La sua immaginazione vola e il suo spirito è alto.

In the park, Bingo chases his tail. His eyes twinkle like stars, his joy will never fail. Is he playing a game we can't understand?

Nel parco, Bingo si rincorre la coda. I suoi occhi brillano come stelle, la sua gioia non verrà mai meno. Sta giocando a un gioco che non riusciamo a capire?

At night, Bingo stares at the moon. "A celestial dance, a magical tune." His dreams filled with wonders, a magical boon.

Di notte, Bingo fissa la luna. "Una danza celestiale, una melodia magica." I suoi sogni erano pieni di meraviglie, un vantaggio magico.

Bingo's friends wonder why he acts so strange. "It's not strange at all," says Bingo, "It's a magical change!"

Gli amici di Bingo si chiedono perché si comporta in modo così strano. "Non è affatto strano", dice Bingo, "è un cambiamento magico!"

One day, Bingo leads us to a secret place. "A world of wonders," he says with grace. We close our eyes, imagining the space.

Un giorno, il Bingo ci conduce in un luogo segreto. "Un mondo di meraviglie", dice con grazia. Chiudiamo gli occhi, immaginando lo spazio.

Bingo's world is full of delight. Fairies, dragons, and stars so bright. In his magical world, everything's just right.

Il mondo del Bingo è pieno di divertimento. Fate, draghi e stelle così luminose. Nel suo mondo magico, tutto è perfetto.

So, if you see Bingo staring into the air, remember, he sees magic everywhere. Join his world, if you dare.

Quindi, se vedi Bingo fissare l'aria, ricorda, vede la magia ovunque. Unisciti al suo mondo, se ne hai il coraggio.

Bingo, our magical friend so dear, fills our days with joy and cheer. In his world, there's nothing to fear.

Il Bingo, il nostro magico amico tanto caro, riempie le nostre giornate di gioia e allegria. Nel suo mondo non c'è nulla da temere.

So, when Bingo points and plays alone, remember, in his world, he's never on his own. With a toy and a twinkle, his magic has grown.

Quindi, quando Bingo punta e gioca da solo, ricorda, nel suo mondo, non è mai da solo. Con un giocattolo e uno scintillio, la sua magia è cresciuta.

The toy squeaks, and Bingo leaps with glee. His invisible friend giggles, as happy as can be. A game of hide-and-seek or perhaps a cup of imaginary tea?

Il giocattolo scricchiola e Bingo salta di gioia. Il suo amico invisibile ridacchia, più felice che può. Un gioco a nascondino o magari una tazza di tè immaginario?

The end!

Picture of "Bing" the real life dog this book was written about thank you for sharing your special world with us!

Fine!

Immagine di "Bing", il cane della vita reale di cui è stato scritto questo libro, grazie per aver condiviso il tuo mondo speciale con noi!

www.BooksBySchaaf.com

This book is available in
10 languages

Other bilingual books are:
The Curious Cow Commotion
and
Rory, The Rooftop Raccoon!

www.BooksBySchaaf.com

Questo libro è disponibile in 10 lingue

**Altri libri bilingui sono:
La curiosa mucca commozione e Rory, il procione sul tetto!**